# Desserts de Provence

Elisabeth Boutte

LES CUISINIÈRES

La Provence, c'est le pays du soleil du Sud de la France, riche d'un passé gourmand prestigieux.
Bordée au sud par la Méditerranée, à l'Est par les Alpes et l'Italie et à l'ouest par le Languedoc-Roussillon, ce territoire privilégié attise toutes les convoitises par la diversité de ses paysages et sa délicieuse cuisine...
La cuisine provençale, connue pour ses bienfaits sur la santé, est avant tout, et notamment pour ses desserts, le fruit de vieilles traditions. Outre les incontournables "13 desserts" servis au souper de Noël, les pâtisseries regorgent de douceurs et de gourmandises sucrées, déjà favorites de Madame de Sévigné : croquants aux amandes, brassados, croissants aux pignons, irrésistibles chichis frégis...
Grâce à la richesse de son climat et de ses sols, la Provence abonde en délicieux produits. Ainsi, les marchés provençaux présentent sur leurs étals colorés, huile d'olive, fleurs de lavande, graines d'anis, fruits confits et bien sûr une sélection de "fruits ensoleillés" tels que les figues de Solliès, les fraises de Carpentras, les melons de Cavaillon, le muscat du Ventoux...
Laissez-vous séduire par cette Provence ensoleillée, qui se savoure à l'ombre des oliviers et à l'abri du mistral, en se laissant bercer par le chant des cigales...

Elisabeth Boutte

# Table des recettes

# Recettes

# Les 13 desserts du Noël provençal

En Provence, les desserts servis à Noël sont au nombre de 13, soit le nombre de convives du dernier repas que Jésus de Nazareth partagea avec ses 12 apôtres. En mémoire de ce repas chrétien, la Provence conserve la tradition des 13 desserts à la symbolique forte.
Les "13 desserts de Provence" sont servis de façon traditionnelle au retour de la messe de Noël, pour le Gros Souper, "Lou gros soupa", c'est-à-dire le réveillon. Toutes les friandises sont présentées sur une table recouverte de 3 nappes de taille décroissante ou bien éclairée de 3 bougeoirs, symbole de la Trinité. Certains disposent également l'assiette de la Sainte Barbe, avec du blé ou des lentilles germés, symbole de renouveau ou encore, une branche de houx comme porte-bonheur. On mettra un couvert supplémentaire, le couvert du pauvre. Les 13 desserts, accompagnés de vin cuit, resteront pour le déjeuner du lendemain et pourront être resservis pour le jour de l'an.

La composition des 13 desserts de Provence varie selon les villes et villages. Voici les incontournables du Noël provençal :
- Les 4 mendiants ("Li pachichoi") représentant les 4 ordres religieux mendiants : noisettes ou noix symbole des Augustins, figues sèches symbole des Franciscains, amandes symbole des Carmes et raisins secs (plus d'autres fruits secs)

symbole de Dominicains. "Le nougat de Capucin" est une friandise réalisée en glissant une noix ou une amande dans une figue sèche.

- La pompe à l'huile ou le gibassié, gâteau du genre fougasse à base de fleur de farine, d'huile d'olive, d'eau de fleurs d'oranger et de cassonade.
- Les 2 nougats : l'un est blanc (noisettes, pignons de pin, pistaches) et symbolise le bien, l'autre est noir (miel fondu et amandes) et symbolise le mal.
- Les dattes : fruits d'Orient, les dattes symbolisent le Christ venu d'Orient ou, selon d'autres traditions, les présents amenés par les Rois Mages à l'enfant Jésus.

A cette liste classique s'ajoutent des fruits confits ou des pâtes de fruits, également des fruits frais qui peuvent être des melons de Noël, des raisins frais de fin de saison, des oranges et des clémentines, des pommes et des poires d'hiver...

En Provence on n'oubliera pas les calissons d'Aix, dans le Comté de Nice, la pâte de coing et la tourte de blettes.

Dans certaines campagnes, on servira la confiture faite aux temps des vendanges, soit au moût de raisin, soit au jus de figues où l'on jette les fruits d'automne.

Selon les régions ou selon les familles on dégustera des truffes au chocolat, des oreillettes, bugnes ou merveilles, pour arriver à 13 éléments en tout. Cette tradition qui ravira les gourmands, veut que l'on mange un peu de chaque dessert pour s'assurer bonne fortune pendant toute l'année !

# Les mendiants, "Lei pachichoi"

*Préparation : 20 minutes*
*Cuisson : 5 minutes*

Pour une douzaine de mendiants :

- 250 g de bon chocolat noir (plus de 55 % de cacao)
- Amandes ou noisettes émondées
- Amandes effilées
- Pistaches
- Raisins secs
- Pignons de pin
- Ecorces d'oranges confites (voir recette des orangettes page 8)
- Morceaux de nougat (facultatif)

Faites fondre doucement le chocolat en morceaux soit dans un bol au bain-marie soit au four micro-ondes quelques secondes. Avec une petite cuillère, étalez de petits disques de chocolat sur une feuille de papier sulfurisé. Déposez rapidement sur chaque disque une amande ou une noisette décortiquée, de l'amande effilée, un pignon, une pistache, un raisin sec, un morceau d'écorce d'orange ou encore un petit morceau de nougat. Dégustez une fois que le chocolat a bien refroidi.
Vous pourrez les conserver dans une boîte métallique jusqu'à Noël ou les offrir dans un petit sac transparent de friandises.

Parmi les 13 desserts, 4 ordres religieux mendiants sont représentés : noisettes ou noix symbole des Augustins, figues sèches symbole des Franciscains, amandes symbole des Carmes et raisins secs (et autres fruits secs) symbole de Dominicains.

# Truffes au chocolat

Faites fondre à feu doux et au bain-marie le chocolat coupé en morceaux avec le beurre, la crème et le sucre. Continuez à tourner jusqu'à ce que cette pâte devienne parfaitement lisse. Laissez tiédir et réservez au réfrigérateur au moins 1 heure pour que cette ganache durcisse. Remplissez un bol de cacao amer. Confectionnez des boulettes en roulant rapidement un peu de ganache dans la paume de la main, puis trempez-les dans le cacao. Placez les truffes dans une boîte au réfrigérateur et les sortir une heure avant de les servir.

Préparation : 30 minutes
Cuisson : 5 minutes
Repos : 1 heure

**POUR 25 TRUFFES :**

- 250 G DE CHOCOLAT NOIR À 70 %
- 40 G DE BEURRE EXTRA-FRAIS
- 20 CL DE CRÈME FRAÎCHE
- 20 G DE SUCRE GLACE
- 1 BOL DE CACAO AMER

☞ Vous pouvez parfumer ces truffes en ajoutant à la préparation, une cuillerée à café d'alcool (Grand-Marnier, rhum ou cognac...).

Incontournable à Noël en Provence,
**LA POMPE À L'HUILE**
fait partie des 13 desserts.
Selon la tradition, elle doit être rompue et non coupée, comme fût rompu le pain par le Christ lors du repas de la Cène.
Si la pompe à l'huile est coupée, la ruine attend la maisonnée dans l'année !

# La pompe à l'huile "la pompo" ou le gibassié

*Préparation : 15 min - Cuisson : 20 min*
*Repos : 4 heures*

POUR 4 PERSONNES

- 250 g de farine type 55
- 70 g de sucre en poudre (ou cassonade)
- 10 g de levure de boulanger
- 10 cl d'eau tiède
- 2 cuillères à soupe d'huile d'olive
- 2 cuillères à soupe d'eau de fleurs d'oranger (ou 1 à 2 pincées d'anis en poudre)
- 1 pincée de sel
- Le zeste d'une orange (facultatif)

Dans un saladier, mélangez la levure et l'eau tiède, le sel, le sucre, puis l'huile et l'eau de fleurs d'oranger. Mélangez cette préparation à la farine et laissez lever pendant 3 heures à température ambiante. Pétrissez la pâte longuement en ajoutant, si vous le souhaitez, le zeste d'une orange. Formez une boule de pâte bien souple. Couvrez d'un torchon. Laissez reposer près d'une source de chaleur une bonne heure. Un quart d'heure avant la fin de la levée, préchauffez le four à 200°C avec un récipient rempli d'eau. Puis formez une galette allongée, épaisse d'un bon centimètre, que vous entaillez profondément. Enfournez pour 15 et 20 minutes en surveillant la cuisson.

- On pourra tremper cette pompo dans un vin cuit, un vin muscat ou elle accompagnera à merveille un café, un thé, un petit déjeuner...
- En Provence, le gibassié (ou gibassier) est un peu différent, puisque moins "gonflé" et plus sec.

# Nougat noir

*Préparation : 30 minutes*
*Cuisson : 30 minutes - Repos : 1 nuit*

Pour 6 personnes :

- 500 g d'amandes non émondées
- 500 g de miel de Provence
- 2 feuilles d'hostie (format A4 en magasin spécialisé pour la pâtisserie)
- 2 cuillères à soupe de rhum brun
- 2 cuillères à soupe d'eau de fleurs d'oranger
- 2 cuillères à soupe de vin blanc liquoreux (Muscat de Beaumes-de-Venise)
- 1 pincée de zeste de citron

Avant de commencer, préparez un moule rectangulaire en couvrant le fond de papier sulfurisé, puis disposez-y une feuille d'hostie, côté quadrillé sur le dessous, en la faisant remonter sur les côtés. Dans une casserole à fond épais ou un poêlon en cuivre, faites fondre le miel. Dès qu'il bout, plongez les amandes d'un coup ; continuez la cuisson à feu moyen et à l'aide d'une spatule en bois, tournez sans arrêt pendant 20 minutes. A coloration, proche d'un marron foncé et quand la texture devient un peu pâteuse, ajoutez peu à peu le rhum, l'eau de fleurs d'oranger, le vin blanc et le zeste de citron en évitant les projections brûlantes ! Enfin versez ce caramel bouillant dans le moule. Egalisez et recouvrez de la feuille d'hostie restante. Attention quand vous retirez du feu la marmite, le nougat continue à cuire, il peut trop noircir ! Déposez une planche en bois sur le nougat pour le tasser. Laissez refroidir une nuit et démoulez. Brisez le en morceaux pour le servir.

**Le nougat**, confiserie à base de sucre, de miel et de fruits secs, est à l'origine la spécialité de Montélimar. En effet, vers 1650, les amandiers furent implantés dans le Vivarais. La fabrication du nougat est maintenant mécanisée et les Montiliens n'en ont plus l'exclusivité.

7

# Nougat blanc au miel de lavande

PRÉPARATION : 40 MINUTES / REPOS : 1 NUIT

*POUR 40 FRIANDISES*

- 350 G D'AMANDES NON EMONDÉES
- 100 G DE NOISETTES
- 100 G DE PIGNONS (FACULTATIF)
- 100 G DE PISTACHES DÉCORTIQUÉES
- 250 G DE SUCRE
- 250 G DE MIEL DE LAVANDE
- 10 CL D'EAU
- 150 G DE GLUCOSE (EN MAGASIN SPÉCIALISÉ)
- 3 BLANCS D'ŒUFS
- 1 CUILLÈRE À CAFÉ D'EAU DE FLEURS D'ORANGER
- 2 FEUILLES D'HOSTIE (FORMAT A4 EN MAGASIN SPÉCIALISÉ POUR LA PÂTISSERIE)

Commencez par déposer les amandes, les noisettes, les pignons de pin et les pistaches sur une plaque et faites-les légèrement griller au four à 180°C. Montez les blancs d'oeufs en neige très ferme. Dans une casserole à fond épais ou un poêlon en cuivre, faites chauffer le sucre, le glucose, l'eau* et le miel jusqu'au "grand cassé" (145°C), technique de pâtissier confirmé ! Ensuite versez avec précaution les blancs en neige sans cesser de remuer. Faites dessécher cette pâte au bain-marie. Pour vérifier la cuisson, plongez la pointe d'un couteau puis passez-la sous l'eau froide, frappez la lame d'un coup sec, la pâte cuite devrait se détacher. Incorporez alors les fruits secs grillés. Procédez de la même manière que pour le nougat noir, en versant ce nougat blanc dans un cadre sans fond, entre 2 feuilles d'hostie. Tassez et laissez reposer une nuit. Découpez de jolis morceaux et conservez-les à l'abri de l'humidité pour qu'ils restent secs.

*l'eau de fleurs d'oranger

# Orangettes confites de Manon

Préparation : 15 minutes
Cuisson : 1h40
Repos : 3 jours

Ingrédients :
- 2 kg d'oranges non traitées
- 80 g de sucre par orange

Brossez soigneusement les oranges sous l'eau. Incisez la peau de chaque orange en quatre parties et retirez délicatement les écorces et laissez cuire 30 à 45 minutes dans une casserole remplie d'eau froide. Egouttez-les et découpez-les en bâtonnets d'un demi-centimètre de largeur. Mettez-les dans une casserole avec le sucre, à peine recouverte d'eau. Faites cuire une bonne heure à feu doux. Lorsque se forme un sirop et que les écorces deviennent translucides, retirez du feu. Egouttez et laissez les orangettes sur un papier d'aluminium pendant 3 jours.

Ces orangettes, comme les tranches d'oranges confites, sont souvent utilisées dans de nombreux desserts provençaux. Roulez-les dans du sucre cristallisé, et elles feront parties des fameux 13 desserts de Noël !

# "Queues de rat" à l'orange

Réalisez des orangettes confites (recette page 8). Lorsque ces orangettes ont bien séché au bout de 3 jours, faites fondre 2 tablettes de bon chocolat (70% de cacao) coupées en morceaux au bain-marie. Remuez, jusqu'à ce que le mélange soit bien lisse. Plongez les écorces d'orange quatre par quatre dans le chocolat, puis sortez-les à l'aide de 2 fourchettes. Laissez-les légèrement égoutter au-dessus du chocolat avant de les déposer sur une feuille de papier sulfurisé. Placez au réfrigérateur ou dans un endroit frais pour que le chocolat fige. Conservez ces orangettes dans une boîte hermétique jusqu'au moment de les déguster.

Ingrédients :

- Orangettes
- 2 tablettes de chocolat à 70 %

# Oreillettes ou Merveilles ou Ganses nissardes

*Préparation : 15 minutes*
*Cuisson : 30 minutes - Repos : 2 heures*

**Pour 40 et 50 oreillettes :**
- 500 g de farine
- 50 g de beurre
(ou d'huile d'olive pour les ganses)
- 80 g de sucre en poudre
- 4 œufs
- 1 pincée de sel
- 1 / 2 paquet de levure chimique
- 2 cuillerées à soupe d'eau de fleurs d'oranger (ou du rhum)
- Huile d'arachide pour la friture
- Sucre glace

Faites un puits dans la farine, versez le beurre fondu, les oeufs, l'eau de fleurs d'oranger, le sel et la levure. Mélangez bien et formez une boule que vous laissez reposer au moins deux heures. Partagez la pâte. Etalez chaque morceau au rouleau de façon à les réduire en feuilles très minces.
Découpez avec une roulette des losanges ou des rectangles, faites une ou deux incisions en leur centre. Plongez-les dans l'huile chaude et laissez cuire environ 2 minutes. Egouttez les oreillettes sur du papier absorbant. Lorsqu'elles ont refroidi, saupoudrez-les de sucre glace. Dressez-les dans une corbeille garnie d'une serviette blanche.

- Cette recette traditionnelle provençale se prépare plus particulièrement le jour de Mardi Gras. Ces beignets à pâte fine et croustillante, très parfumés, se mangent tièdes le jour même, mais sont bien meilleurs le lendemain !
- On dit que les "oreillettes" ressemblent aux oreilles du Christ !
- Les Merveilles, quant à elles, sont plus épaisses.

# Panade provençale

Préparation : 15 minutes
Cuisson : 35 minutes

Pour 6 personnes :

- 250 g de farine
- 1 sachet de levure chimique
- 150 g de sucre
- 75 g de beurre
- 3 œufs
- Le zeste d'une orange non traitée
- 1 cuillère à café d'eau de fleurs d'oranger
- 250 g de confiture de citre (pastèque)

Préchauffez le four à 180°C. Dans un saladier, versez la farine et la levure. Ajoutez au centre le sucre, le beurre ramolli, les oeufs, le zeste d'orange et l'eau de fleurs d'oranger. Pétrissez rapidement et étendez cette pâte sur un plan de travail fariné. Déposez-la sur une plaque ronde recouverte de papier sulfurisé (ou dans un grand moule à tarte) en gardant suffisamment de pâte pour découper de larges bandes. Etalez sur ce fond de tarte la confiture de citre (voir recette page 27). Disposez joliment les croisillons de pâte par dessus. Enfournez pendant 35 minutes à 180°C.

## ☞ VARIANTE : LA PANADE AUX POMMES

1 pâte sablée garnie de 5 pommes râpées mélangées à 2 cuillères à soupe de sucre brun ou de miel. Faites cuire 30 minutes à 180°C. On la nappera de confiture de coing ou d'abricot.

a l'ouml
que me

EN PROVENCE
La Farandole

que pendoulo, emé lou tam
la joio en trin, vivo la far
F. Mistral

# Fruits déguisés

Ingrédients :

- Fruits séchés : dattes, pruneaux, abricots, figues
- Fruits secs : amandes, noix, pistaches
- Pâtes d'amande de différentes couleurs toutes prêtes et parfums faits maison
- Sucre semoule ou caramel

Pour les fruits séchés, commencez par retirer les noyaux. Coupez les fruits choisis en deux. Formez une boulette de pâte d'amandes et introduisez-la dans le fruit à fourrer en la laissant visible.

Quelques suggestions :

- Pour la datte, choisissez une olive de pâte d'amandes rose parfumée au Cointreau.
- Pour le pruneau, une olive de pâte d'amande blanche au cognac.
- Pour l'abricot, une olive de pâte d'amande jaune au Grand-Marnier.
- Pour la figue sèche, garnissez-la simplement d'un cerneau de noix, on l'appellera "le nougat du capucin".

Pour les fruits secs :

- Collez 2 cerneaux de noix autour d'une boule de pâte d'amandes au café.
- Encastrez à mi-hauteur une amande émondée dans une olive de pâte d'amande verte au kirsch.
- Collez 1 pistache sur chaque côté d'un losange en pâte d'amandes verte parfumée à la pistache.

Saupoudrez ces fruits déguisés de sucre semoule (facultatif) ou trempez-les rapidement dans un caramel chaud à l'aide d'une fourchette ou encore procédez à un glaçage au sucre. Déposez-les ensuite sur une assiette. Puis refroidis, découpez tout autour les parties débordantes des fruits.

# Pâte de coing aux mendiants et zestes d'agrumes

Préparation : 45 minutes - Cuisson : 1h20 - Repos : 5 jours

**POUR 6 PERSONNES :** ▸ 2 KG DE COINGS ▸ SUCRE CRISTALLISÉ (MÊME POIDS QUE LA PURÉE DE FRUITS OBTENUE DANS LA RECETTE) ▸ ZESTES DE 6 OU 8 AGRUMES (CITRONS, ORANGES, CLÉMENTINES OU PAMPLEMOUSSES) ▸ 300 G DE NOIX ET D'AMANDES AU TOTAL ▸ HUILE

Lavez les coings en les brossant sous l'eau. Faites-les cuire dans l'eau bouillante 20 minutes jusqu'à ce qu'ils soient tendres. Pendant ce temps, coupez les zestes d'agrumes en petits dés. Egouttez les coings, coupez-les en gros morceaux et passez-les au moulin à légumes. Pesez cette pâte de fruits et mettez-la dans une bassine à confiture avec le même poids de sucre. Faites cuire une petite heure à feu doux en remuant régulièrement. En fin de cuisson, ajoutez les zestes d'agrumes. Quand la pâte se détache de la casserole, étalez-la sur une plaque recouverte de papier sulfurisé légèrement huilé. Laissez sécher au moins 5 jours. Découpez cette pâte de coing en cubes. Broyez grossièrement les noix et les amandes dans une assiette. Roulez les cubes de pâte de coing dans cette chapelure et disposez-les sur un plat.

# Calissons d'Aix

Préparation : 20 minutes
Repos : 2 jours
Cuisson : 13 minutes

**Pour une quarantaine de calissons**

- 250 g de poudre d'amande
- 250 g de sucre glace
- 1 cuillère à soupe d'eau de fleurs d'oranger
- 2 cuillères à soupe de miel liquide
- 2 cuillères à soupe de confiture d'oranges amères
- 250 g de melon confit
- 50 g d'écorce d'orange confite
- 1 feuille de pain azyme (ou feuille d'hostie en magasin spécialisé)

*Pour le glaçage royal :*

- 1 blanc d'œuf
- Quelques gouttes de jus de citron
- 150 g de sucre glace

Mixez finement les fruits confits et la confiture. Mélangez la poudre d'amande au sucre glace. Ajoutez le miel, l'eau de fleurs d'oranger et les fruits confits mixés. Malaxez jusqu'à l'obtention d'une pâte type "crumble". Faites cuire dans une casserole à feu doux 8 minutes sans cesser de remuer afin de dessécher la pâte (elle se conservera plus longtemps).
Posez la feuille de pain azyme sur le plan de travail, côté quadrillé sur le dessous. Étalez alors la pâte à l'aide d'un rouleau à pâtisserie mouillé, sur une épaisseur d'environ 6 à 8 mm. Laissez sécher pendant 2 jours à température ambiante.
Pour le glaçage, mélangez le sucre glace au blanc d'œuf et détendez avec quelques gouttes de jus de citron pour obtenir une pâte consistante et brillante. Versez cet appareil sur la pâte à calissons et étendez-le uniformément à la spatule. Laissez sécher le glaçage 1 à 2 heures (évitez qu'une croûte ne se forme sinon il se cassera lors du découpage).
Découpez des losanges à l'aide d'un bon couteau

ou à l'emporte pièce spécifique. Rangez les calissons les uns à côté des autres au fur et à mesure sur une plaque et enfournez-les 5 minutes à 130°C pour faire durcir le glaçage royal.

☞ Les calissons se conservent plus d'une semaine dans une boîte hermétique.

☞ On peut maintenant commander en ligne le fameux emporte-pièce en forme de losange, le papier azyme et le melon confit.

AIX-EN-PROVENCE Fontaine d'Eau Chaude

CARNAVAL d'AIX en Provence 1921 – La Revanche de la cuisinière

# "Torta de bléa"
# Tourte de blettes

CETTE SPÉCIALITÉ NIÇOISE "LA TORTA DE BLÉA" EST SERVIE EN DESSERT, MAIS ÉGALEMENT EN PLAT SALÉ AVEC DU PARMESAN OU DU POIVRE MOULU.

Préparation : 40 minutes
Cuisson : 40 minutes

***Pour la pâte :***
- 500 g de farine
- 200 g de beurre
- 130 g de sucre
- 2 œufs
- 1 pincée de sel
- 3 cuillères à soupe d'eau
- 1 zeste de citron

***Pour la farce :***
- 2 œufs
- 100 g de pignons de pin
- Environ 1 kg de jeunes feuilles de blettes
- 100 g de raisins secs (imbibés de rhum brun)
- 5 cl d'eau-de-vie ou marc du pays ou du pastis
- 140 g de cassonade (ou 120 g de confiture d'abricots)
- 1 cuillère à soupe d'huile d'olive
- 3 belles pommes reinettes
- Du sucre glace pour le décor

Commencez par préparer la pâte. Dans un saladier, versez la farine, le sucre, le sel, le zeste de citron et mélangez. Incorporez le beurre mou coupé en petits dés. Formez un creux et versez les 2 oeufs préalablement battus en omelette et l'eau tiède. Pétrissez jusqu'à ce que la pâte soit bien lisse, sans trop la travailler. Formez une boule et laissez reposer au moins une heure.

Pendant ce temps, coupez les pommes épluchées en fines lamelles. Otez les côtes des blettes et les nervures pour ne garder que les feuilles. Superposez les feuilles de blettes et formez des rouleaux pour pouvoir les couper en fines lanières de 5 mm. Trempez ces blettes ciselées dans l'eau froide, 2 ou 3 fois. Cette étape est importante, elle permet d'enlever l'amertume de la blette. Egouttez les blettes soigneusement dans une passoire en les pressant et essuyez-les avec du papier absorbant. Dans un saladier, battez les oeufs en omelette. Ajoutez une cuillère à soupe d'huile d'olive, la cassonade, l'eau-de-vie, les raisins égouttés mais bien imbibés de rhum et les pignons blondis légèrement dans une poêle sans ajout de matière grasse. Incorporez les feuilles de blettes ciselées et mélangez soigneusement pour bien les enrober du mélange. Allumez le four à 200°C. Divisez la pâte à tarte en deux. Sur un plan de travail fariné, étendez chaque boule de pâte à l'aide d'un rouleau à pâtisserie. Beurrez le fond d'un moule à tarte à bords hauts. Déposez un premier disque de pâte, en le faisant légèrement déborder. Etalez une bonne couche de farce sur toute la surface. Tapissez cette garniture de lamelles de pommes, bien posées les unes à côté des autres. Recouvrez délicatement avec le deuxième disque de pâte, en faisant coïncider les bords. Pressez légèrement avec les doigts pour coller les deux épaisseurs et ourlez la pâte, c'est-à-dire rentrez-la contre le bord du moule à l'aide d'un couteau. Enfin, percez un peu la pâte en réalisant des encoches avec des petits coups de ciseaux sur le dessus. Enfournez la tourte à 200°C entre 35 et 45 minutes selon les fours, et baissez à 180°C en cours de cuisson si nécessaire. Sortez du four lorsque la pâte a pris une jolie couleur dorée. Laissez refroidir à température ambiante. Dressez sur un plat de service et saupoudrez de sucre glace. Cette tourte est traditionnellement découpée en petits losanges avant d'être servie.

5c
POSTES

# Clafoutis de bigarreaux

Préparation : 20 minutes
Cuisson : 30 minutes

Pour 6 personnes :

- 700 g de bigarreaux
- 1 œuf + 2 jaunes d'œufs
- 70 g de sucre en poudre
- 100 g de farine
- 25 cl de lait
- 2 cuillères à soupe d'extrait d'amandes amères
- 70 g de poudre d'amandes
- 80 g de beurre (20 g pour le plat + 60 g sur le gâteau)
- 40 g d'amandes effilées
- 3 cuillères à soupe de sucre roux pour le plat
- Sucre cristallisé

Préchauffez le four à 180°C. Beurrez un plat et saupoudrez de sucre roux. Mettez les bigarreaux, non dénoyautés, bien serrés. Battez les deux jaunes d'œufs et le sucre jusqu'à ce qu'ils deviennent mousseux et plus clairs. Puis, toujours en mélangeant, ajoutez l'œuf entier, la farine tamisée et enfin la poudre d'amandes. Délayez avec le lait et l'extrait d'amandes amères jusqu'à obtenir un mélange bien lisse. Versez cette pâte sur les bigarreaux, et parsemez la surface d'amandes effilées et de beurre restant. Faites cuire à four moyen (180°C), pendant une bonne demi-heure, jusqu'à ce que le clafoutis soit pris et doré. Vérifiez la cuisson avec la pointe d'un couteau, la lame doit ressortir sèche. Saupoudrez le clafoutis cuit de sucre cristallisé. Servez tiède ou froid.

Ne dénoyautez surtout pas les cerises ! C'est le noyau qui donne sa saveur incomparable au clafoutis.

# Brassados de Pâques

On raconte que ces gâteaux secs, en forme de bracelets "brassados" ou "brassadeaux" ou "gimbeleto", se vendaient lors des fêtes villageoises ou religieuses. Enfilés au bout d'un bâton, ils étaient bénis pour les Rameaux, ou aussi traditionnellement, les jeunes mariés les portaient au poignet.

On les trouve maintenant seulement dans certains villages provençaux et on les déguste surtout à Pâques.

Préparez le levain en versant la levure de boulanger dans un bol avec 2 cuillerées à soupe de lait tiède et laissez reposer 15 minutes avant de remuer. Pendant ce temps, versez la farine et le sel en fontaine dans un saladier. Ajoutez au centre, les oeufs, le sucre, le beurre ramolli coupé en petits morceaux, le reste de lait et le zeste d'orange. Pétrissez lentement afin d'obtenir une pâte homogène. Incorporez le levain, versez l'eau de fleurs d'oranger et un peu de rhum (ou de pastis) si vous le désirez. Travaillez longuement cette pâte jusqu'à ce qu'elle soit souple, si nécessaire ajoutez un peu d'eau. Formez une boule. Couvrez le saladier d'un torchon et laissez reposer dans un endroit tiède (22°C)

pendant 3 heures. Divisez la boule de pâte en parts égales de la grosseur d'une orange. Roulez chaque pâton, sur la table farinée, façonnez-les en forme de bracelet et soudez les deux extrémités avec de l'eau. Jetez les brassados dans l'eau bouillante et dès qu'ils remontent à la surface, retirez-les à l'aide d'une écumoire avant de les déposer sur un torchon quelques temps afin de les sécher. Disposez ces anneaux sur une plaque à pâtisserie beurrée et faites-les cuire à 180°C environ 15 minutes. Retirez-les du four lorsqu'ils sont bien dorés et laissez refroidir sur une grille.

PRÉPARATION : 30 MINUTES
CUISSON : 20 MINUTES
REPOS : 3 HEURES

POUR 8 PERSONNES :

- 600 G DE FARINE
- 160 G DE SUCRE
- 4 ŒUFS
- 60 G DE BEURRE + 20 G POUR BEURRER LA PLAQUE
- 2 SACHETS DE LEVURE DE BOULANGER DÉSHYDRATÉE
- 50 CL DE LAIT TIÈDE
- 3 CUILLÈRES À SOUPE D'EAU DE FLEURS D'ORANGER
- 1 CUILLÈRE À CAFÉ DE RHUM OU DE PASTIS (FACULTATIF)
- ZESTE D'UNE ORANGE NON TRAITÉE
- 1 PINCÉE DE SEL

# Navettes de la Chandeleur

Préparation : 20 minutes
Cuisson : 15 minutes

POUR ENVIRON 20 NAVETTES :
- 500 g de farine
- 200 g de sucre
- 2 œufs
- 1 pincée de sel
- Le zeste d'une orange non traitée
- 5 cl d'huile d'olive
- 3 cuillerées à soupe d'eau de fleurs d'oranger
- 1 pincée de sel

Dans une jatte, battez les oeufs avec le sucre jusqu'à ce que le mélange blanchisse. Incorporez la farine, le sel, le zeste très fin d'une orange, puis l'huile d'olive et l'eau de fleurs d'oranger. Pétrissez jusqu'à obtenir une pâte homogène, souple et légèrement collante (pas trop, sinon ajoutez un peu de farine). Formez des petits boudins d'environ 1,5 cm de diamètre. Pincez les extrémités en forme de pointu (barque de pêcheur) et, avec un couteau, incisez-les assez profondément en leur centre sur la longueur (sans les percer). Placez-les sur une plaque légèrement huilée ou recouverte de papier sulfurisé ; laissez reposer 2 heures. Préchauffez le four à 180°C. Enfournez la plaque de navettes pour 15 minutes (la cuisson doit être rapide car seuls les bords doivent colorer). Disposez-les sur une grille dès la sortie du four pour les laisser refroidir avant de les déguster. Elles se conservent très longtemps dans une boîte fermée hermétiquement, enfin si vous ne les mangez pas trop vite !

La navette a la forme d'une petite barque, d'un pointu.

La navette de Marseille est nature ou parfumée à la fleur d'oranger alors que la navette provençale, un peu plus tendre, est parfumée au zeste de citron.

En Provence, surtout à Marseille, on fabrique pour la Chandeleur les navettes qui sont bénies en l'abbaye Saint-Victor en hommage à Marie.

# Estouffadou

Versez la farine en fontaine, creusez un puits dans lequel vous disposerez les oeufs préalablement battus en omelette, la levure, le sucre, les zestes d'orange finement hachés et la fleur de sel. Pétrissez tous les ingrédients ensemble jusqu'à obtention d'une pâte lisse, un peu collante. Incorporez les amandes et façonnez quatre petits boudins de pâte. Disposez-les sur une plaque à pâtisserie recouverte de papier sulfurisé. Enfournez une quinzaine de minutes à 180°C, retirez du four, laissez tiédir et découpez des tranches de gâteaux, larges comme un doigt. Remettez les tranches de gâteau au four pour une quinzaine de minutes. Les estouffe-gàrri sont parfaits quand ils sont légèrement dorés. Réservez-les dans une boîte hermétique et proposez-les lors du Grand Souper ou après un déjeuner du dimanche, trempés dans un verre de ratafia.

*Préparation : 10 minutes*
*Cuisson : 25 minutes*

**Ingrédients :**

- 250 g de sucre
- 250 g de farine
- 100 g d'amandes entières
- 2 pincées de fleur de sel de Camargue
- 2 œufs
- Le zeste d'une orange non traitée
- 1 sachet de levure chimique
- Du ratafia pour la dégustation des biscuits

Dans le langage imagé du parler marseillais, l'estouffadou signifie "étouffe-chrétien".

Cette recette est issue du livre "Cuisinière marseillaise" de Sonia Ezgulian que je remercie !

# Figues rôties au miel et aux épices

Préparation : 10 minutes
Cuisson : 30 minutes

*POUR 4 PERSONNES :*

- 4 FIGUES
- LE JUS D'UN CITRON
- 2 CUILLÈRES À CAFÉ DE CANNELLE
- 4 CUILLÈRES À SOUPE DE MIEL (LAVANDE OU ACACIA)
- DU POIVRE NOIR
- 15 G DE BEURRE DEMI-SEL
- 40 G D'AMANDES

Préchauffez le four à 180°C. Lavez les figues et entaillez-les sur le dessus pour qu'elles soient joliment ouvertes dans leur hauteur. Disposez les figues dans un petit plat à gratin. Arrosez-les du jus de citron et nappez-les de miel. Saupoudrez de cannelle et d'un tour de moulin à poivre. Déposez sur chacune une noisette de beurre. Concassez vous-même quelques amandes et parsemez-en les figues. Enfournez pour une demi-heure. Servez ces figues rôties chaudes avec une glace à la vanille ou aux calissons.

*** ASTUCE ***

Concassez les amandes à l'aide d'un mortier ou enveloppez-les dans un torchon pour les écraser avec le rouleau à pâtisserie.

# Confiture de citre ou gigerine

Préparation : 30 minutes
Repos : 1 jour
Cuisson : plus d'1 heure*

Ingrédients :
- 1 kg de chair de citre ou gigérine (pastèque blanche)
- 600 g de sucre cristallisé
- 1 citron
- 1 orange

Coupez la citre en tranches, retirez les graines et pelez-les. Coupez-les en gros cubes. Placez-les dans une grande bassine à confiture et couvrez de sucre. Remuez. Prélevez des grandes bandes de zestes de citron et d'orange avec un économe (sans peau blanche). Faites-les blanchir en les plongeant dans l'eau frémissante pendant 10 minutes. Puis égouttez-les, découpez-les en lanières et ajoutez-les à la citre. Versez également les jus des agrumes dans la bassine. Laissez les fruits macérer toute la nuit. Le lendemain, faites cuire une heure à petits bouillons jusqu'à ce que les fruits soient translucides. La confiture doit avoir une jolie couleur ambrée (pas trop brune) et transparente avant d'être mise en pots.

*Le temps de cuisson est à adapter en fonction de l'eau contenue dans la citre ainsi que de la quantité de jus des agrumes.

*La citre* est une courge douce, du midi, comestible seulement cuite. C'est la pastèque blanche, "la pastèque à confiture" ou encore appelée la gigérine. Elle a une chair jaune et des pépins verts.

# Nougat glacé aux calissons d'Aix

Préparez la meringue au miel : faites chauffer le miel à feu doux dans une casserole. Lorsqu'il mousse et prend une couleur caramel, arrêtez le feu. Battez les blancs en neige. Versez dessus le miel chaud toujours en fouettant les blancs. Fouettez encore 1 minute pour "serrer" (raffermir) le tout. Hachez grossièrement les calissons au couteau (réservez-en 1 cuillerée à soupe pour le décor) et ajoutez-les à la meringue. Fouettez la crème bien froide en chantilly. Incorporez-la délicatement au mélange meringue-calissons. Versez la préparation dans un grand plat creux tapissé de film alimentaire, lissez le dessus avec une spatule et laissez prendre 12 h au congélateur.

Préparez le coulis de fraises : lavez, équeutez les fraises et mixez-les avec le sucre glace et le jus de citron. Réservez au frais. Avant de servir, démoulez le nougat, taillez des portions individuelles en forme de calisson, disposez-les dans des assiettes et décorez de calissons hachés précédemment reservés. Répartissez enfin le coulis de fraises dans chaque assiette, ajoutez la menthe et servez.

Préparation : 40 minutes
Repos : 12 heures

Pour 6 personnes

- 10 calissons d'Aix
- 3 cuillères à soupe de miel
- 5 blancs d'œufs
- 20 cl de crème à fouetter (fleurette)
- 500 g de petites fraises
- 1 cuillerée à soupe de jus de citron
- 80 g de sucre glace
- 1 branche de menthe

# Fougassette de Mireille

*Prépération : 40 minutes*
*Repos : 2 h*
*Cuisson : 15 minutes*

**Pour 12 petits pains ovales :**

- 500 g de farine
- 20 g de levure de boulanger
- 130 g de sucre
- 2 œufs + 1 œuf pour la dorure
- 1 verre d'huile d'olive
- 1 verre de lait
- 1 pincée de fleur de sel
- 2 cuillères à soupe d'eau de fleurs d'oranger
- Le zeste d'un citron non traité

Préparez le levain en mélangeant à 150g de farine la levure délayée dans 5 cl de lait tiède. Laissez lever pendant 2 heures (il doit doubler de volume). Dans un saladier, versez le reste de la farine, ajoutez au centre 2 oeufs, la fleur de sel, l'huile, le sucre, une cuillère d'eau de fleurs d'oranger et le zeste de citron. Incorporez le reste de lait peu à peu en pétrissant lentement. Puis ajoutez le levain et formez une boule de pâte ferme et souple. Laissez-la reposer 2 heures, couverte d'un torchon, dans un endroit tempéré. Etalez la pâte sur une épaisseur de 2 cm. Découpez des rectangles en les étirant pour obtenir des formes ovales d'environ 10 cm de long. A l'aide d'un pinceau, badigeonnez-les du mélange oeuf battu et une petite cuillère d'eau de fleurs d'oranger. Entaillez chaque fougassette de quelques coup de couteau en profondeur et en les ouvrant bien pour éviter qu'elles ne se referment à la cuisson. Sur une plaque à pâtisserie recouverte de papier sulfurisé enfournez à 180°C pendant 15 minutes.

# Chichi frégi de Fanette

*Préparation : 40 minutes - Repos : 2 h*
*Cuisson : 5 minutes par fournée*

**Pour une trentaine de beignets :**

- 500 g de farine
- 20 g de levure de boulanger
- 2 cuillères à soupe de sucre
- Deux pincées de fleur de sel
- 2 cuillères à soupe d'eau de fleurs d'oranger
- 5 cl d'huile d'olive
- Huile d'arachide pour la friture
- 3 cuillères de sucre cristal pour bien enrober les beignets cuits

Délayez la levure dans 5 cl d'eau tiède. Dans un saladier, versez la farine, la fleur de sel, le sucre, creusez un puits et versez-y la levure délayée et l'eau de fleurs d'oranger. Tournez jusqu'à obtenir une pâte souple sans coller aux doigts. Ajoutez une cuillère à soupe d'eau si nécessaire. Incorporez l'huile d'olive. Couvrez le saladier d'un torchon et laissez reposer cette pâte 2 heures à température ambiante. Dans une grande marmite, faites chauffer l'huile d'arachide. Mélangez vivement la pâte. Déposez délicatement une cuillère à soupe de pâte dans l'huile chaude. Renouvelez sans en mettre trop en même temps à cuire. Faites dorer les chichis frégis des 2 côtés, puis laissez-les égoutter sur du papier absorbant avant de les saupoudrez de sucre cristal. Dégustez ces délicieux beignets encore tièdes.

## Le chichi frégi

(chichi frit) est un gros beignet dégusté traditionnellement dans les foires, les fêtes foraines, sur la plage et dans les rues de Toulon ou de Marseille (plus précisément dans le charmant petit port de l'Estaque).

# Brioche des rois aux fruits confits

Préparation : 20 minutes
Repos : 12 h + 4 h
Cuisson : 30 minutes

**Pour 8 personnes :**

- 1 cube de levure de boulanger fraîche
- 5 cl d'eau tiède
- 500 g de farine
- 1 pincée de sel
- 150 g de beurre
- 50 g de sucre
- 3 œufs
  + 1 jaune d'œuf pour la dorure
- 2 cuillères à soupe
  d'eau de fleurs d'oranger
- 15 cl de lait
  + 1 cuillère à soupe pour la dorure
- Zeste d'une orange non traitée
- 5 cuillères de sucre en grains
- 125 g de fruits confits
- 1 fève ou 1 petit santon

Préparez le levain en versant la levure de boulanger dans un bol avec 4 cuillerées à soupe d'eau tiède et une cuillerée à café de sucre. Laissez reposer 15 minutes avant de remuer. Puis versez la farine et le sel en fontaine dans un saladier. Ajoutez le levain au centre, les oeufs et le sucre restant, l'eau de fleurs d'oranger et le zeste d'orange. Incorporez le lait peu à peu en pétrissant lentement jusqu'à ce que la boule de pâte bien homogène se détache des parois du saladier. Incorporez alors le beurre ramolli coupé en petits morceaux en continuant de pétrir. Laissez reposer 2 heures, couvert d'un torchon dans un endroit tempéré (environ 22°c). Puis abaissez la pâte pour en chasser l'air, reformez une boule et remettez-la dans le saladier. Couvrez d'un film alimentaire et mettez au réfrigérateur pendant minimum 12 heures. Quand vous la sortez, laissez reposer une 1/2 heure

à température ambiante. Puis incorporez à la pâte 100 g de fruits confits. Formez une couronne de 20 cm de diamètre environ. Cachez une fève en la glissant plus près du bord que du centre. Laissez à nouveau lever 1 heure (22 °C). Préchauffez le four à 180 °C. Dorez la surface de la brioche avec le jaune d'œuf délayé dans du lait. Saupoudrez-la de sucre en grains. Enfournez la brioche pendant une bonne demi-heure. A la sortie du four, décorez avec le reste des fruits confits.

# Coupelles de pêches

Préparation : 20 minutes
Cuisson : 12 minutes

POUR 4 COUPELLES :
- 5 pêches
- 100 g de sucre en poudre
- 1 bouquet de thym citron
- 200 g de fromage blanc
- 1 gousse de vanille
- 60 g de sucre glace
- 10 cl de crème fleurette
- 2 meringues
- Quelques pistaches
- 1 cuillère à soupe de sucre roux

Pelez 3 pêches et coupez-les en deux, ôtez le noyau. Faites un sirop en chauffant 1 litre d'eau avec le sucre et le thym. Pochez-y les pêches 10 minutes à feu doux. Laissez-les infuser dans le sirop refroidi. Préparez ensuite un coulis. Coupez en morceaux les 2 pêches restantes que vous poêlez avec le sucre roux et 4 cuillères à soupe d'eau. Mixez. Enfin préparez une mousse. Mélangez le fromage blanc, le sucre glace et les grains de vanille récupérés en raclant soigneusement la gousse coupée dans sa longueur. Montez la crème fleurette en chantilly et incorporez-la délicatement au fromage blanc. Dans de jolies coupelles transparentes (ou des grands verres), répartissez des morceaux de pêche pochées, de la mousse au fromage blanc, des brisures de meringues et le coulis. Parsemez quelques brisures de pistaches. Servez bien frais.

# Croissants aux pignons de Cogolin

Préparation : 15 min - Cuisson : 15 min

POUR UNE QUINZAINE DE PETITS CROISSANTS :

- 125 G DE POUDRE D'AMANDES
- 80 G DE SUCRE
- 45 G DE SUCRE GLACE
- 100 G DE PIGNONS DE PIN
- 1 BLANC D'ŒUF
- 1 CUILLÈRE À SOUPE D'EAU DE FLEURS D'ORANGER

*POUR LE SIROP :*

- 3 CUILLÈRES À SOUPE D'EAU
- 3 CUILLÈRES À SOUPE DE SUCRE

Un merveilleux souvenir de vacances chez les cousins dans le midi ! Facile à réaliser !

Commencez par préparer un sirop dans une petite casserole en portant à ébullition l'eau et le sucre, retirez aussitôt du feu. Préchauffez le four à 200°C. Dans un saladier, mélangez la poudre d'amandes et les sucres. Ajoutez le blanc d'œuf et l'eau de fleurs d'oranger. Formez une boule de pâte. Prélevez l'équivalent d'une noix que vous roulez entre vos mains humides pour lui donner la forme d'un petit croissant. Passez chaque croissant dans une assiette pleine de pignons, en appuyant légèrement pour les incruster dans la pâte. Disposez ces jolis biscuits sur une plaque recouverte de papier sulfurisé. Enfournez 15 minutes à 180°C. A la sortie du four, badigeonnez-les du sirop de sucre, puis décollez-les en mouillant légèrement la plaque sous les biscuits. Dégustez-les à température.

Délicieux pour accompagner un café ou un thé, ils peuvent se garder quelques jours dans une boîte hermétique.

# Carte Tropézienne

Préparation : 1 heure
Repos : 2 heures + 1 nuit
Cuisson : 12 minutes

**Pour 8 personnes**

*Pour la brioche :*

- 250 g de farine
- 35 g de sucre en poudre
- 2 gros œufs
- 40 g de levure de boulanger
- 5 cl de lait
- 90 g de beurre
- 7 g de fleur de sel
- Sucre en grains perlés

*Pour la crème :*

- 200 g de beurre
- 200 g de crème pâtissière
- 20 cl de crème chantilly
- Quelques gouttes d'eau de fleurs d'oranger
- Quelques gouttes de kirsch

La veille, pétrissez, de préférence au robot muni d'un crochet ou de la fonction "pétrissage", la farine, le sucre, un oeuf, la levure émiettée et le lait jusqu'à ce que la pâte se décolle des parois. Ajoutez à nouveau un oeuf et pétrissez à nouveau jusqu'à décollement de la pâte. Incorporez enfin le beurre coupé en morceaux et de la fleur de sel ; pétrissez. Recouvrez la pâte d'un linge et laissez lever pendant 30 minutes à température ambiante. Etalez-la et reformez une boule pour chasser l'air. Placez-la tout d'abord 30 minutes au congélateur, puis une nuit au réfrigérateur.
Le lendemain, préchauffez le four à 200°C. Etendez sur la plaque du four, un disque de 28 cm de diamètre sur environ 1 cm d'épaisseur. Laissez lever 1 heure à température plutôt chaude pour qu'elle double de volume. Badigeonnez ce disque d'eau et faites cuire 12 minutes à 200°C. Dans un saladier, fouettez en pommade le beurre. Incorporez la crème pâtissière puis la crème chantilly, l'eau de fleurs d'oranger et le kirsch. Une fois la brioche refroidie, découpez-la en 2 dans l'épaisseur. Garnissez la base de la crème préparée, refermez avec le second disque. Saupoudrez de sucre en grains. Réservez cette délicieuse tarte au réfrigérateur car elle doit se déguster très froide !

☞ *C'est Alexandre Micka, pâtissier d'origine polonaise, qui créa la tarte "Tropézienne" en 1955 pour le repas de l'équipe de Roger Vadim, lors du tournage du film "Et Dieu créa la femme" avec Brigitte Bardot. Il déposa alors la marque et le brevet de fabrication de "La tarte Tropézienne".*

# Confiture de "violette de Solliès"

*Préparation : 15-20 minutes*
*Cuisson : 1h15*

**Pour une dizaine de pots :**
- 3 kg de figues de Solliès
- 4 citrons
- 2 l de sirop de canne (ou 2 kg de sucre cristallisé)

Dans une grande casserole d'eau bouillante, trempez les figues 3 minutes. Retirez-les avec une écumoire et passez-les sous l'eau froide. Coupez-les en deux et réservez-les.

Dans une marmite à confiture, faites chauffer le sucre de canne liquide. À ébullition, ajoutez les figues, le jus et le zeste des citrons. Laissez cuire à feu doux une heure et quart. Vérifiez la cuisson (déposez une goutte de confiture sur une assiette froide, elle ne doit pas couler). Versez cette confiture encore chaude dans des bocaux rincés à l'eau bouillante, en remplissant bien à ras du bocal. Fermez le pot et retournez-le à l'envers.

La "violette de Solliès" (pont dans le Var), ou "bourjasotte noire" est une figue fondante et parfumée, à la chair juteuse et sucrée grâce à un parfait ensoleillement. Elle donne une confiture savoureuse.

# Tarte tatin abricots-lavande

ÉPARATION : 20 MINUTES
ISSON : 45 MINUTES
(+ 15 MINUTES POUR
CARAMÉLISER LE MOULE)

POUR 8 PERSONNES :

- 250 G DE PÂTE BRISÉE OU FEUILLETÉE
- 16 ABRICOTS
- 50 G D'AMANDES EFFILÉES
- 100 G DE SUCRE EN POUDRE
- 80 G DE BEURRE
- 2 PINCÉES DE FLEURS DE LAVANDE

Essayez cette recette délicieuse également avec du romarin (à la place de la lavande) qui relèvere le goût de l'abricot.

Vous pouvez aussi remplacer les abricots par des pêches, des prunes ou des pommes.

Lavez et coupez en deux les abricots. Otez le noyau. Dans un moule à manqué, déposez des gros morceaux de beurre, la moitié du sucre. Rangez les oreillons bien serrés, côté bombé vers le fond du plat. Faites caramélisez les abricots en posant ce moule directement sur feu doux un quart d'heure. Hors du feu, saupoudrez du sucre restant plus quelques petites noisettes de beurre. Répartissez les amandes effilées et une pincée de fleurs de lavande. Recouvrez avec la pâte et faites glisser les bords entre les parois du plat à tarte et les abricots. Piquez toute la surface avec une fourchette. Dans un four préchauffé, faites cuire 25 minutes à 180°C. Renversez la tarte sur un plat et parsemez-la d'une autre pincée de fleurs de lavande. Dégustez cette jolie tarte tiède ou froide.

# Nectarines meringuées

Préparation : 15 minutes
Cuisson : 10-12 minutes

**Pour 4 personnes :**

- 4 nectarines
- 80 g de sucre
- 80 g de beurre
- 80 g de poudre d'amandes
- 1 œuf
- 50 g de crème fraîche
- 1 cuillère à soupe de sucre glace
- 20 g de beurre pour le plat

Préchauffez le four à 180°C. Pelez les nectarines, coupez-les en deux et dénoyautez-les. Dans un saladier, mélangez le beurre ramolli avec le sucre, la poudre d'amandes, la crème fraîche et le jaune d'œuf. Garnissez les demi-fruits avec cette préparation. Beurrez un plat à gratin et disposez les fruits (en intercalant, si nécessaire, du papier d'aluminium froissé pour les maintenir debout). Enfournez 10 minutes à 180°C. Battez le blanc en neige en incorporant peu à peu le sucre glace. Couvrez les fruits de cette meringue et passez juste le plat sous le gril quelques minutes pour faire dorer légèrement la meringue. Servez aussitôt.

# Tarte des Alpes ou tarte du Champsaur

Dans un saladier, versez la farine et le sel, au centre l'œuf, le beurre ramolli coupé en cubes et le sucre. Pétrissez légèrement la pâte avec vos doigts et ajoutez la poudre d'amandes, le zeste de citron et la cannelle. Travaillez rapidement cette pâte et formez une boule. Couvrez le saladier d'un film alimentaire et placez au réfrigérateur au minimum une demi-heure. Beurrez un moule à tarte. Partagez la pâte en deux. Étendez un grand disque que vous farinerez légèrement. Déposez-le au fond du plat. Avec une fourchette, piquez le fond de la tarte. Garnissez de confiture de framboise. Sur le plan de travail, étalez le reste de pâte en un rectangle, découpez des bandes d'un centimètre de large et déposez-les en croisillons sur la confiture. À l'aide d'un pinceau, badigeonnez-les d'un jaune d'œuf mélangé à un peu d'eau. Glissez cette jolie tarte dans un four préchauffé à 180°C pour une petite demi-heure.

*Préparation : 30 minutes*
*Cuisson : 30 minutes*
*Repos : 30 minutes*

**Pour 6 -8 personnes :**

- 125 g de farine
- 125 g de poudre d'amandes
- 125 g de beurre
  + 20 g pour le moule
- 100 g de sucre en poudre
- 1 œuf + 1 jaune pour la dorure
- Zeste d'un demi-citron non traité
- 1 cuillère à café de cannelle
- 150 g de confiture de framboise
- 1 pincée de sel

# Tarte aux citrons de Menton

Préparation : 40 minutes
Repos : 1 heure
Cuisson : 15 minutes

Pour la pâte :

- 200 g de farine tamisée
- 100 g de sucre
- 100 g de beurre ramolli
- 1 jaune d'œuf
- 1 peu d'eau tiède
- 1 pincée de sel

Crème citron :

- 1 tasse de lait
- 1 tasse de sucre
- 2 à 3 citrons non traités
- une cuillère à soupe et demie de Maïzena
- 3 œufs
- 50 g de sucre glace
- 50 g de sucre roux
- 1 pincée de sel

Préparez la pâte en mélangeant bien tous les ingrédients du bout des doigts, moins elle sera travaillée, plus elle sera sablée et légère. Laissez-la reposer une heure, puis étalez-la dans un moule à tarte, piquez le fond avec une fourchette et faites-la précuire à blanc à peine 15 minutes dans un four préchauffé à 180°C.
Préparez la crème citron en délayant dans une casserole épaisse le sucre, les jaunes d'œufs et la maïzena pour obtenir une pâte lisse. Ajoutez les jus et les zestes râpés des citrons, enfin, peu à peu, le lait. Portez sur feu doux en tournant sans cesse, retirez dès le premier bouillon sinon les jaunes d'œufs coagulent ! Versez la crème au citron sur le fond de tarte cuit. Montez 3 blancs d'œuf en neige

Pendant la Fête du citron à Menton et la période du Carnaval de Nice, le citron est roi, roi des jardins et roi des étals...

ferme avec une pincée de sel, en incorporant peu à peu le sucre glace. Etalez-les sur la tarte en lissant la surface avec une spatule, puis saupoudrez de sucre roux. Enfournez à mi-hauteur et faites dorer la meringue avec la résistance du haut à peine 5 minutes en surveillant qu'elle ne brûle pas. Laissez refroidir la tarte meringuée avant de la servir.

Pour une jolie présentation, utilisez une fourchette pour dessiner des sillons réguliers sur la surface meringuée pas encore chauffée, ou utilisez une poche à douille pour répartir la meringue.

Tarascon. Procession de la Tarasque

# Gâteau au pastis

Préparation : 30 minutes
Cuisson : 20 minutes

***Pour 6 personnes***

- 3 œufs
- 125 g de sucre
- 125 g de farine
- 125 g de beurre
- 1/2 sachet de levure chimique
- 1 cuillère à soupe de pastis

Dans un saladier, battez les oeufs avec le sucre. Faites épaissir ce mélange dans une casserole sur feu doux. Hors du feu, ajoutez le beurre coupé en morceaux et mélangez. Incorporez peu à peu la farine avec la levure. Enfin ajoutez le pastis. Versez cette préparation dans un moule à gâteau. Enfournez pour 15-20 minutes à 200°C jusqu'à ce que le gâteau soit légèrement doré.

# Croquets provençaux

Préparation : 15 minutes
Cuisson : 30 minutes

POUR UNE VINGTAINE DE BISCUITS :

- 1 ŒUF + 1 JAUNE POUR LA DORURE
- 125 G DE FARINE
- 85 G DE SUCRE (OU MIEL DE PROVENCE)
- 2 CUILLÈRES À SOUPE D'HUILE D'OLIVE
- 2 CUILLÈRES À CAFÉ D'EAU DE FLEURS D'ORANGER
- 12 AMANDES ENTIÈRES
- 12 PISTACHES ÉMONDÉES
- 12 NOISETTES
- 1 PINCÉE DE SEL

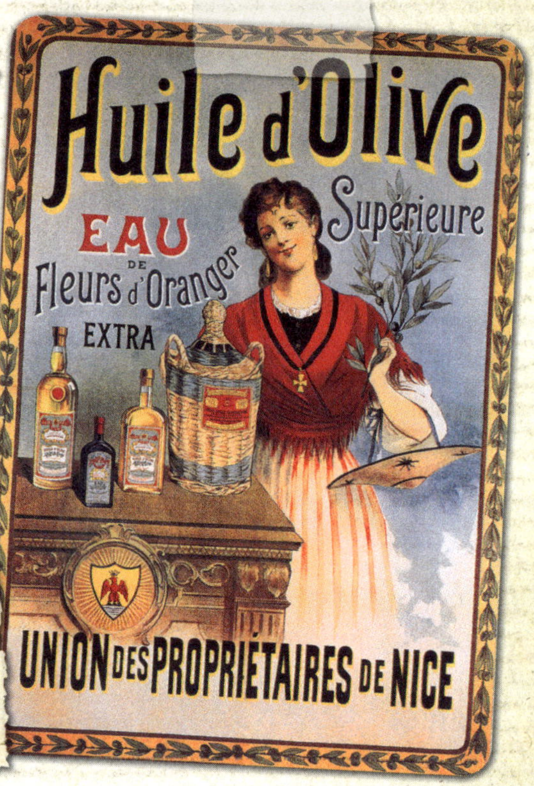


*Dans la même famille que les croquets provençaux on trouve les croquants de Saint-Paul, ceux du Queyras, les villarets de Nîmes, etc.*

*Ces croquets, comme les navettes ou les macarons, font partie des fameux "Biscuits de Visan".*

Préchauffez le four à 200°C. Dans un bol, battez l'œuf avec l'eau de fleurs d'oranger. Dans un saladier, mélangez la farine, le sel et le sucre, ajoutez l'œuf battu, l'huile d'olive, puis les fruits secs. Pétrissez cette pâte pour qu'elle soit bien homogène. Roulez la pâte en grands boudins d'environ 15 cm de long et aplatissez-les légèrement. Déposez-les sur une plaque de cuisson garnie de papier sulfurisé et dorez-les avec le jaune d'œuf. Enfournez à 180°C pendant une demi-heure. Découpez ensuite ces boudins en tranches d'environ 1 cm d'épaisseur. Laissez ensuite refroidir sur une grille avant de les déguster en les trempant dans un petit verre glacé de muscat de Beaumes-de-Venise.

# Salade colorée melon - pastèque

Préparation : 15 minutes
Repos : 1 heure

POUR 6 PERSONNES :
- 1 melon de Cavaillon
- 1 melon jaune
- 1 melon vert
- 1 tranche de pastèque
- Quelques feuilles de menthe
- 1 citron
- 4 cuillères à soupe de vin blanc muscat (ou de sirop d'orgeat)

Épépinez la pastèque. Coupez les melons en deux et retirez leurs graines. Taillez en cubes la chair ou prélevez de jolies boules à l'aide d'une cuillère parisienne. Déposez-les dans un joli saladier transparent de préférence ou des coupes individuelles. Ajoutez les feuilles de menthe, le muscat (ou le sirop d'orgeat), et le jus de citron. Mélangez et placez au réfrigérateur au moins une heure avant de servir.

- *Choisissez un melon dont le pédoncule commence à se détacher, il aura alors atteint son stade de maturité optimum. Le melon doit également être lourd et sentir bon, tout particulièrement autour du pédoncule.*
- *Le melon jaune et le melon vert sont les melons d'hiver. Il existe plusieurs variétés de melon à écorce jaune qui ont des chairs plus ou moins blanches et plus ou moins sucrées.*

# Confiture de tomates vertes

Au fond d'une marmite, mettez les tomates épépinées et coupées en petits morceaux, puis recouvrez-les de sucre. Laissez reposer pendant 24 h. Ajoutez les gousses de vanille fendues dans la longueur ainsi que les zestes et les jus des citrons. Faites cuire à feu vif, puis prolongez la cuisson à feu doux en remuant pendant plus d'une heure. Versez la confiture dans des pots en verre préalablement stérilisés; laissez refroidir avant de les refermer.

Préparation : 15 minutes
Cuisson : 1h15
Repos : 24 h

**Pour 5 pots :**

- 2 kg de tomates vertes
- 1,5 kg de sucre cristallisé
- 4 citrons
- 2 bâtons de vanille

# "Li Bigneta"
# Beignets de pommes et raisins secs

Préparation :
*25 minutes*
Cuisson :
*5 minutes par fournée*

***Pour 6 personnes :***

- 250 g de farine
- 80 g de beurre
- 50 g de sucre
- 1 pincée de fleur de sel
- 40 cl d'eau
- 6 œufs
- 1 cuillère à soupe d'eau de fleurs d'oranger
- 6 pommes reinette
- 150 g de raisins secs
- 3 cuillères à soupe de rhum
- Huile d'arachide pour la friture
- Sucre

Dans un grand bol, faites tremper les raisins secs en les couvrant de rhum. Épluchez les pommes et coupez-les en petits morceaux. Dans une casserole, faites fondre doucement le beurre, ajoutez l'eau, le sel et le sucre. Versez la farine d'un seul coup et remuez vivement jusqu'à ce que cette pâte se décolle des bords. Hors du feu, incorporez les oeufs un à un. Ajoutez l'eau de fleurs d'oranger, les cubes de pommes et les raisins secs imbibés de rhum. Mélangez délicatement avec la spatule. Faites chauffer la bassine d'huile. Prélevez un peu de pâte à beignet à l'aide d'une cuillère à dessert et faites-la glisser avec le doigt doucement dans l'huile de friture très chaude. Veillez à retourner la boule de pâte avec une écumoire de façon à les dorer uniformément. Formez 4 ou 5 beignets à la fois et renouvelez l'opération. Au fur et à mesure déposez-les sur du papier absorbant. Servez-les dans un plat en les saupoudrant de sucre semoule.

Carnaval de Nice. — La Girafe (petit char)

# Tarte aux figues violettes

Allumez le four à 180°C. Lavez les figues, retirez la queue et coupez-les en rondelles. Etalez la pâte brisée dans un plat à tarte. Piquez-la avec une fourchette. Mélangez 40g de sucre avec le zeste de citron et répartissez ce mélange sur le fond de tarte. Disposez les figues en les faisant chevaucher et sucrez légèrement avec les 40g restants. Enfournez pour 30 minutes toujours à four moyen. Nappez enfin de gelée de groseille la tarte encore tiède et parsemez d'amandes effilées. Flambez au Marc de Provence si vous le souhaitez.

Préparation : 20 minutes
Cuisson : 30 minutes

Pour 6 personnes :
- 1 pâte brisée
- 1 kg de figues violettes de Solliès
- 80 g de sucre
- Le zeste d'un citron
- 3 cuillères à soupe de gelée de groseille
- 20 g d'amandes effilées
- Marc de Provence (facultatif)

# Soupe de melon de Cavaillon au Beaumes-de-Venise

PRÉPARATION : 20 MINUTES
CUISSON : 15 MINUTES

POUR 4 PERSONNES :
- 2 MELONS (ENVIRON 500 G CHACUN)
- 25 CL DE MUSCAT DE BEAUMES-DE-VENISE
- 1 CITRON VERT
- 5 CUILLÈRES À SOUPE DE MIEL D'ACACIA
- 1 DOUZAINE DE FEUILLES DE MENTHE

Lavez les melons sous l'eau claire. Coupez 1 melon en deux. Enlevez les pépins et prélevez des billes de chair à l'aide d'une cuillère parisienne ; réservez. Coupez le deuxième melon. Épépinez-le, enlevez la chair et taillez de gros dés. Placez les coques des melons au congélateur. Dans une casserole, mettez à cuire pendant 15 minutes le miel, le jus de citron, le muscat de Beaumes-de-Venise ainsi que la chair du deuxième melon coupé en dés. Mixez cette préparation refroidie. Dans chaque coque, versez la soupe de melon et quelques billes de melon ; parsemez de menthe et servez frais.

Le melon de Cavaillon au Beaumes-de-Venise est l'alliance parfaite entre les arômes du muscat et les saveurs sucrées du melon. Il peut être servi aussi bien en entrée, relevé de sel et de poivre ou de jambon cru en chiffonnade, qu'en dessert.

# Gâteau à la brousse

*Préparation : 15 minutes*
*Cuisson : 40 minutes*

**Pour 8 personnes :**
- 400 g de fromage de brousse du Rove
- 5 œufs
- 180 g de sucre
- Le zeste d'un citron
- 1 cuillère à soupe d'eau de fleurs d'oranger
- 20 g de beurre

Préchauffez le four à 180°C. Dans un grand bol, écrasez à la fourchette le fromage. Dans un saladier, battez les oeufs entiers avec le sucre. Incorporez la brousse en mélangeant vivement, puis ajoutez le zeste du citron et l'eau de fleurs d'oranger. Versez la préparation dans un moule préalablement beurré. Enfournez pour 40 minutes, le gâteau sera cuit quand sa surface sera bien dorée.

# Biscotins d'Aix

Préparation : 20 minutes
Cuisson : 15 minutes

POUR UNE DIZAINE DE BISCOTINS :
- 250 G DE SUCRE
- 375 G DE FARINE
- 1 CUILLÈRE À SOUPE D'EAU DE FLEURS D'ORANGER
- 20 G DE BEURRE

Dans une casserole, faites fondre le sucre avec un quart de verre d'eau. Retirez du feu dès l'ébullition. Mettez la farine sur le plan de travail, versez le sucre fondu et l'eau de fleurs d'oranger. Pétrissez le tout pour obtenir une pâte ferme. Partagez en petits pâtons que vous roulez en petites boulettes de la grosseur d'une noix. Disposez-les au fur et à mesure sur une plaque beurrée. Aspergez d'eau et enfournez à 180°C pendant un quart d'heure.

# Berlingots de Carpentras

Préparation : 30 minutes
Cuisson : 10 minutes

INGREDIENTS :

- 250 g de sucre
- 25 g de glucose
- 8 cl d'eau (un demi-verre d'eau)
- 1 cuillère à soupe d'extrait de citron ou d'arôme naturel (framboise, menthe poivrée, orange, bergamote)
- 2 gouttes de colorant
- 2 cuillères à soupe d'huile

Dans une casserole faites bouillir à feu fort l'eau, le sucre, le glucose, et l'extrait de citron. Surveillez la température jusqu'à 150°C. Si vous n'avez pas de thermomètre, versez dans un bol d'eau froide, une ou deux gouttes de sirop qui doivent alors se gélifier. Déposez une feuille de silicone sur une surface froide (du marbre). Versez le sirop bouillant dessus. Incorporez le colorant en mélangeant avec une spatule métallique. Quand la pâte à berlingots est encore bien souple et pas trop chaude, repliez-la en décollant les bords de la feuille silicone, d'un côté puis de l'autre plusieurs fois. Continuez d'étirez ce long ruban encore un peu, il doit rester soyeux et homogène. Roulez un long boudin de 2 cm de diamètre environ et découpez-le en biais avec des ciseaux légèrement huilés, en faisant tourner le boudin d'un demi-tour à chaque fois. Séparez les berlingots les uns des autres. Laissez-les refroidir et durcir sur la surface froide.

# Gâteau de Visan

*Préparation : 20 minutes*
*Cuisson : 45 minutes*

**Pour 6 personnes :**

- 4 œufs
- 250 g d'amandes en poudre
- 180 g de sucre
- 90 g de beurre demi-sel
- Quelques gouttes de vanille liquide
- 15 g de beurre

Préchauffez le four à 180°C. Séparez les blancs des jaunes. Dans un saladier, battez le sucre avec les jaunes d'œufs. Ajoutez le beurre fondu, les amandes en poudre et la vanille. Battez les blancs d'œufs en neige. Incorporez-les délicatement à la préparation. Beurrez un moule en couvrant le fond d'un papier sulfurisé pour éviter que la pâte très sucrée ne colle. Versez la pâte et enfournez à 180°C un quart d'heure, puis une demi-heure supplémentaire à 150°C. Surveillez la cuisson en testant le cœur du gâteau à l'aide d'un couteau, il doit ressortir sec.

Le gâteau de Visan est aussi appelé "Suprême du Ventoux" ou "Délice de Provence".

☞ Mixez vous-même les amandes émondées en poudre pas trop fine de façon à conserver quelques morceaux, ce sera bien meilleur !

# Castagnade provençale

Faites un feu de cheminée et lorsque vous obtenez une bonne braise, poser une grande poêle spéciale pleine de belles châtaignes et laissez cuire une petite demi-heure en tournant souvent. Elles commencent à être cuites quand elles éclatent. Attrapez-les alors une à une avec un chiffon pour ne pas vous brûler ; épluchez-les et dégustez accompagné d'un bon verre de vin doux !
Un régal !

Préparation : 5 minutes
Cuisson : 30 minutes

▸ Choisissez les châtaignes des Maures (La Garde-Freinet, Les Mayons, Collobrières, Pignans) d'une qualité incomparable.

☞ L'incontournable dessert provençal de saison dans les Maures.

# Poires au miel et aux fruits secs

*Préparation : 20 minutes*
*Cuisson : 30 minutes*

**Pour 4 personnes :**
- 4 belles poires à peau épaisse (Louise Bonne par exemple)
- 100 g de raisins secs
- 100 g d'amandes
- 4 cuillères à soupe de miel
- 2 verres de vin blanc
- 20 g de beurre
- 2 sachets de sucre vanillé
- 1 pincée de cannelle

Coupez les poires en deux dans la hauteur. Épépinez-les et creusez-les avec une cuillère à café. Hachez les raisins secs et les amandes. Mélangez-les au miel puis ajoutez la chair des poires écrasées. Garnissez les demi-poires avec ce mélange. Rangez les poires dans un petit plat à gratin beurré. Arrosez de vin blanc, de sucre vanillé et de cannelle. Enfournez à 180°C pendant une demi-heure en arrosant souvent. Servez chaud ou tiède avec une boule de glace à la vanille ou à la poire.

# Glace aux calissons coulis de melon

Préparation : 30 minutes
Cuisson : 10 minutes

*Cette glace peut être servie avec une salade melon-pastèque (recette page 48) ou des croquets aux amandes (recette page 47).*

**Pour 6 personnes :**

*Pour la glace :*
- 50 cl de lait entier
- 1 gousse de vanille
- 6 jaunes d'œufs
- 80 g de sucre en poudre
- 12 calissons (voir recette page 16)

*Pour le coulis :*
- 1 gros melon de Cavaillon
- 25 g de sucre
- Le jus d'un demi-citron
- Quelques feuilles de menthe
- 3 cuillères à soupe de muscat (facultatif)

Écrasez à la fourchette les calissons. Dans une casserole, faites chauffer le lait et la gousse de vanille fendue en deux dans sa longueur et bien grattée. Dans un saladier, fouettez les jaunes d'œufs et le sucre, puis délayez peu à peu avec le lait chaud en continuant de fouetter. Remettez chauffer cette préparation dans la casserole à feu doux en remuant sans cesse et arrêtez juste avant l'ébullition, quand la crème commence à épaissir et à napper la cuillère en bois. Retirez la gousse de vanille. Versez cette crème dans un récipient pour la placer au congélateur le temps qu'elle devienne très froide. Incorporez alors les calissons écrasés. Vous pouvez alors placer la crème dans la sorbetière et au congélateur. Pour le coulis, coupez le melon en deux pour ôter toutes les graines. Découpez en gros morceaux sa chair et mixez-la avec le sucre et le jus de citron. Ajoutez le muscat si vous le souhaitez. Réservez ce bon coulis au frais jusqu'au moment de servir. Dans chaque assiette, déposez une boule de glace aux calissons nappée de coulis de melon et décorez avec les feuilles de menthe.

X HUILES VIERGES DE PROVENCE
. R. FUNEL, Propriétaire
MOUGINS (A.-M
En Provence - La (

lleffe des Olives (L'Olivado)

# Vin d'orange de Colette

Préparation : 20 minutes
Repos : 45 jours

**Pour 6 bouteilles de vin d'orange :**

- 5 bouteilles de vin rosé de Provence
- 1 bouteille d'alcool à 40°
- 1 kg de sucre de canne
- 8 oranges non traitées
- 2 citrons non traités
- 1 cuillère à café de vanille liquide
- 1 pincée de noix de muscade râpée
- 1 bâton de cannelle
- 1 clou de girofle

Lavez rapidement les agrumes sous l'eau claire. Coupez-les en morceaux en gardant leurs peaux, mettez-les dans une grande jatte. Versez le vin rosé, l'alcool à 40° et le sucre. Ajoutez toutes les épices (vanille, muscade, cannelle, clou de girofle). Mélangez soigneusement et laissez ce mélange macérer environ 45 jours dans un endroit frais en remuant de temps en temps. Filtrez le mélange et mettez-le en bouteilles.

# Salade de fraises de Carpentras au vin d'orange

Préparation : 10 minutes
Cuisson : 5 minutes

Pour 4 personnes :

- 500 g de fraises mûres
- 1 cuillère à soupe de miel
- 2 verres de vin d'orange (voir recette page 62)
- Le zeste d'une orange non traitée
- 1 pincée de cannelle
- 1 étoile de badiane
- 4 feuilles de menthe fraîche
- Quelques orangettes confites (voir recette page 8)

Passez les fraises rapidement sous l'eau claire et équeutez-les. Coupez-les en deux ou en quatre pour les plus grosses et déposez-les dans un joli plat évasé. Versez le vin d'orange dans une casserole avec le miel, le zeste d'orange, la cannelle et la badiane. Portez doucement à ébullition et prolongez d'une minute. Versez le vin bouillant sur les fraises, en ayant retiré l'étoile de badiane, elles doivent ainsi être légèrement pochées. Laissez refroidir, puis placez cette salade au frais mais évitez le réfrigérateur, le parfum des fraises serait altéré. Au moment de servir, décorez avec quelques feuilles de menthe et des orangettes confites.

# Mousse au chocolat à la lavande

*Préparation : 20 minutes*
*Cuisson : 10 minutes - Repos : 3 heures*

Pour 6 personnes :

- 200 g de chocolat noir
- 10 cl de lait
- 2 cuillères à soupe de fleurs de lavande (ou 1,5 cuillère à café d'arôme de lavande)
- 1 cuillère à soupe de sucre
- 3 jaunes d'œufs
- 5 blancs d'œufs
- 1 pincée de sel

Dans une casserole à fond épais, faites bouillir le lait avec les fleurs (ou l'arôme) de lavande. Retirez du feu et laissez infuser une demi-heure. Filtrez le lait à l'aide d'une passoire fine en pressant bien les fleurs de lavande avec le dos d'une cuillère. Jetez les fleurs. Faites à nouveau chauffer doucement le lait et ajoutez le chocolat en morceaux. Remuez avec une cuillère en bois jusqu'à ce que le mélange soit lisse et onctueux. Hors du feu, incorporez les jaunes d'oeufs un à un en mélangeant bien. Dans un saladier, montez les blancs d'oeufs en neige très ferme avec une pincée de sel et en versant à mi-parcours le sucre. Ajoutez 2 ou 3 cuillères de blancs dans le chocolat et mélangez vivement. Puis, délicatement, ajoutez le reste des blancs à l'aide d'une spatule et mélangez en les soulevant doucement pour ne pas les casser. Versez cette préparation dans un saladier ou dans des coupelles individuelles. Mettez au réfrigérateur pendant au moins 3 heures.

# Sablés aux graines de fenouil

Mélangez le sucre, la pincée de sel et le beurre ramolli, puis l'huile et enfin le miel jusqu'à l'obtention d'un mélange crémeux. Ajoutez l'œuf. Incorporez peu à peu la farine, la poudre d'amandes. Formez un boudin de pâte et enveloppez-le de film alimentaire ; réservez-le au réfrigérateur pendant au moins une heure. Taillez ensuite le boudin de pâte en rondelles d'un demi-centimètre d'épaisseur et parsemez de quelques graines de fenouil que vous enfoncerez légèrement.

Déposez les sablés sur une plaque de cuisson recouverte de papier sulfurisé et enfournez-les, dans un four préchauffé à 180 °C, pendant 10 à 15 minutes. Ils seront cuits dès que le bord des biscuits commence à dorer. Servez-les avec un granité de citrons (recette page 66) par exemple.

*Préparation : 15 minutes*
*Cuisson : 12 minutes*
*Repos : 1 heure*

Pour une trentaine de sablés :

- 200 g de farine
- 50 g de poudre d'amandes
- 1 œuf
- 100 g de sucre
- 50 g de beurre
- 6 cuillères à soupe d'huile d'olive
- 3 cuillères à soupe de miel de lavande
- 1 cuillère à café de graines de fenouil entières
- 1 pincée de fleur de sel

# Granité de citrons

PRÉPARATION : 15 MINUTES
CUISSON : 5 MINUTES
REPOS : 9 HEURES

POUR 6 PERSONNES :
- 6 CITRONS NON TRAITÉS
- 100 G DE SUCRE
- 70 CL D'EAU

Dans une casserole, faites chauffez l'eau avec le sucre jusqu'à dissolution complète de celui-ci. Ajoutez-y de larges bandes de la peau de 2 citrons, prélevées à l'aide d'un éplucheur, et portez à ébullition. Versez ce sirop dans un saladier et laissez refroidir. Retirez les bandes de citrons. Râpez finement le zeste de 2 autres citrons et pressez les jus des 6 citrons. Ajoutez le tout au sirop. Versez ce sirop de citrons dans un moule et placez-le au congélateur. Au bout d'une petite heure, "la granita" commence à solidifier. Pour éviter qu'elle ne devienne un bloc de glace, mixez-la (avec un mixeur plongeur) ou broyez-la à l'aide d'une fourchette. Puis, remettez-la au congélateur au moins 8 heures. Pour apprécier au mieux ce granité, sortez-le du congélateur 10 minutes avant de le déguster.

☞ Placez de jolies coupes au réfrigérateur quelques minutes avant de les remplir pour le service.

☞ Régalez-vous en peine été avec une marmelade de pêches à la lavande par exemple et des biscuits secs provençaux !

EN PROVENCE. — Types d'Arlésiennes.

Merci à Marie-Françoise, Jacqueline et Sophie.

**LES CUISINIÈRES**
Sobbollire
17, rue René Leynaud
69001 Lyon
**www.lescuisinieres.fr**

Auteur : Elisabeth Boutte

Calligraphie : Sylvie Perrin, Lyon

Iconographie : Fotolia

Impression : Birograf

Dépôt légal : janvier 2021
ISBN : 9782368421123